Il Mio Terzo Libro sul Tawhid

 Questo libro appartiene a:

I Nomi Bellissimi di Allah

Tradotto da Somayh Naseef

Scritto da Umm Bilaal Bint Sabir
Formato e design di Umm Bilaal Bint Sabir
Cubrir por @ilm.cards

2023 Al Huroof Publishing
© alhuroof
Pubblicato per la prima volta in Sep 2024

ISBN 978-1-917065-29-0

Tutti i diritti riservati. Nessuna parte di questa pubblicazione può essere riprodotta, archiviata in un sistema di recupero delle informazioni, o trasmessa in qualsiasi forma o con qualsiasi mezzo, sia esso elettronico, meccanico, fotocopia, registrazione o altro, senza il permesso scritto preventivo dell'autore.

Para más información contactar:

@al.huroof    AlHuroofpublishing    alhuroof@hotmail.com

بسم الله الرحمن الرحيم

Sia lodato Allah, il Dio di tutta la creazione, e che la pace e le benedizioni di Allah siano con il nostro profeta Maometto, i suoi veri seguaci e tutti i suoi compagni. Procediamo:

SULL'AUTORE

Al Huroof è parte di un progetto in corso chiamato Bait-at-Tarbiyah (Casa dell'Apprendimento), iniziato da un piccolo gruppo di giovani madri musulmane nel 1995 a Londra, Regno Unito. All'epoca, c'era una carenza di materiale autentico di insegnamento islamico per i bambini piccoli. Pertanto, abbiamo deciso di unire le nostre competenze creative e professionali per sviluppare risorse e ausili didattici islamici autentici e divertenti, basati sul Corano (il libro sacro) e la Sunnah. In particolare, sui versi e sul comportamento del Profeta Maometto (che la pace e le benedizioni di Allah siano su di lui), sui suoi compagni e sulla generazione che li ha seguito.

L'attenzione iniziale era rivolta a quattro progetti: flashcard, riviste, video e giocattoli morbidi; alcuni dei quali devono ancora essere sviluppati. Fino ad oggi, abbiamo pubblicato 4 riviste di Al Huroof, una serie di carte che presentano i 5 pilastri dell'Islam e delle magliette.

Grazie ad Allah! Da allora, i collaboratori sono cresciuti nelle loro capacità professionali. L'autrice principale fa fino ad ora 18 anni di esperienza nell'insegnamento dell'EFL, nella formazione degli insegnanti e una recente esperienza nella gestione delle scuole primarie; tutto ciò fornisce un'importante visione per progettare materiale didattico. Speriamo di continuare nei nostri sforzi per sviluppare ausili didattici e contribuire al crescente mondo di materiale di insegnamento islamico autentico, tenendo presente che tutto questo sforzo è per Allah. Utilizzando le abilità con cui Lui, Subhaanahu, ci ha benedetto, speriamo di aiutare nella diffusione della conoscenza autentica ovunque possibile. Che Allah lo accetti da noi, ameen.

Sulal traduttrice:

Come insegnante di lingue appassionata e certificata, a volte assumo il ruolo speciale di tradurre libri per bambini per lasciare un segno significativo. La mia lingua preferita è , ma traduco anche tra inglese, francese, italiano e tedesco. Credo nel creare traduzioni che siano accessibili e coinvolgenti per i giovani lettori, aiutandoli a imparare nuove parole mentre si godono la storia. Per me, tradurre libri per bambini è un'opportunità unica per restituire alla comunità e ispirare le giovani menti. Ogni libro che traduco è un'occasione per connettere il mondo attraverso la bellezza della lingua.

Come Usare Questo Libro

Note per i genitori:

Questo è il terzo libro di una serie in tre parti sul Tawhid. Nella lingua araba, Tawhid significa "rendere qualcosa uno". Nella Shari'ah islamica (legge islamica) significa distinguere Allah (solo) con l'adorazione. Questo è il fondamento della nostra religione. Tawhid è la conoscenza e il riconoscimento che il nostro Signore è scelto con tutti gli attributi di Perfezione, Grandezza e Maestà, e scelto solo con tutta l'adorazione*

Informazioni sul Tawhid:

i nostri primi due libri si sono concentrati su Tawhid-ur-Ruboobiyyah e Tawhid-al-Uloohiyyah - scegliere Allah per la Sua Signoria e scegliere Allah per la Sua Adorazione. Questo libro si concentra su "Tawhid al-Asma wa s Sifaat", che significa scegliere Allah con i Suoi Nomi e Attributi Unici. Dovremmo sapere che Allah ha più di 99 Nomi e Attributi. Con questi al-Asma wa s-Sifaat affermiamo gli Attributi di Perfezione che Allah ha affermato per Sé stesso o che il Profeta Muhammad (he la pace e le benedizioni di Allah siano su di lui) ha affermato per Lui. Neghiamo anche qualsiasi mancanza Allah abbia negato per Sé stesso o ciò che il Profeta Muhammad he la pace e le benedizioni di Allah siano su di lui) ha negato per Lui.**

Aiuta tuo figlio a comprendere questa base guidandolo a collegare l'aspetto dell'adorazione a Tawhid-al Asma wa Siffat. Usa le immagini e il testo come spunto per porre domande e guidare le loro risposte. Ci siamo sforzati di mantenere il linguaggio semplice ma coinvolgente per il livello di destinazione dei giovani lettori; con alcune eccezioni che i genitori o altri possono aiutare a semplificare.

Parole ad alta frequenza:

Parole ad alta frequenza: in fondo a ogni pagina, vedrai un elenco delle parole ad alta frequenza (HFW) tratte dalle prime 100 HFW per bambini dai 5 ai 7 anni. Ci sono anche nuove parole aggiuntive (NW) che non sono presenti in questo elenco ma sono utilizzate per aiutare a descrivere le immagini su ogni pagina. Incoraggia tuo figlio a pronunciare tutte le parole e offri un suggerimento se ha bisogno di aiuto.

Ci auguriamo che tuo figlio si diverta a leggere questa breve serie sul Tawhid, basata sulla comprensione del Salaf-us-Saalih, e che aiuti con il Permesso di Allah a piantare un seme per l'amore del Tawhid nei cuori dei nostri giovani lettori, ameen.

*Rif: Appunti dalle conferenze audio di 'Kitab-at Tawhid', dell'Imaam Muhammad ibn 'Abdil-Wahhaab, Imaam as-Saa'idi e Shaykh Uthaymeen, tradotti da Daawood Burbank, Allaah yarhamhum
**Rif: Appunti dalle conferenze audio "Spiegazione di Aqeedah at-Tahaawiyyah spiegata da Saleh Al Fawzan, conferenza tenuta da Abu Talha Dawood Burbank (rahimahullaah).

Dedicato ai miei genitori (che Allah abbia pietà di loro) e a due bambini speciali.

Sai qualcosa sui Nomi di Allah?

In arabo si chiamano '**Al-Asma ul-Husna**'
(I Nomi Bellissimi di Allah).

Quanti Nomi ci sono?

Ce ne sono più di 99!

Ce ne sono più di **99** Nomi di Allah

 Al-Asma ul-Husna

Come conosciamo i Nomi di Allah?

Li conosciamo dal **Profeta Maometto**
(che la pace e la benedizione siano su di lui).

Come lo sapeva?

Allah glieli ha **rivelati** attraverso **il Corano** e **la Sunnah**.

la Sunnah

il Corano e la Sunnah

Il Corano è creato?

No! È la Parola di Allah inviata attraverso **l'arcangelo Gabriele (che la pace sia su di lui) al Profeta Maometto** (che la pace e la benedizione siano su di lui).

Cos'è la Sunnah?

Le azioni e **le parole** del **Profeta Maometto** (che la pace e la benedizione siano su di lui).

Parole e Azioni del Profeta che la pace e la benedizione siano su di lui

la Sunnah

In primo luogo, impariamo
tre cose
sui bellissimi Nomi di Allah.

tre cose

1 Ogni singolo Nome di Allah ha un Attributo (Siffat)

2 Cos'è un Attributo?
È **un'azione** dal Nome di Allah.

3 Ogni azione ha **un effetto** sulla **creazione di Allah.**

Allah è **Ar-Rahmaan**

El Más Misericordioso

Nome di Allah

Allah dà **Rahma** — Misericordia -

Azione del Suo Nome

La Rahma di Allah - Misericordia è per tutti. Ci dà aria, acqua e tutto il resto!

Effetto sulla creazione

al-Asma wa s-Sifaat

In segundo luogo, impariamo cosa non dobbiamo fare quando apprendiamo sui Nomi e Attributi Bellissimi di Allah!

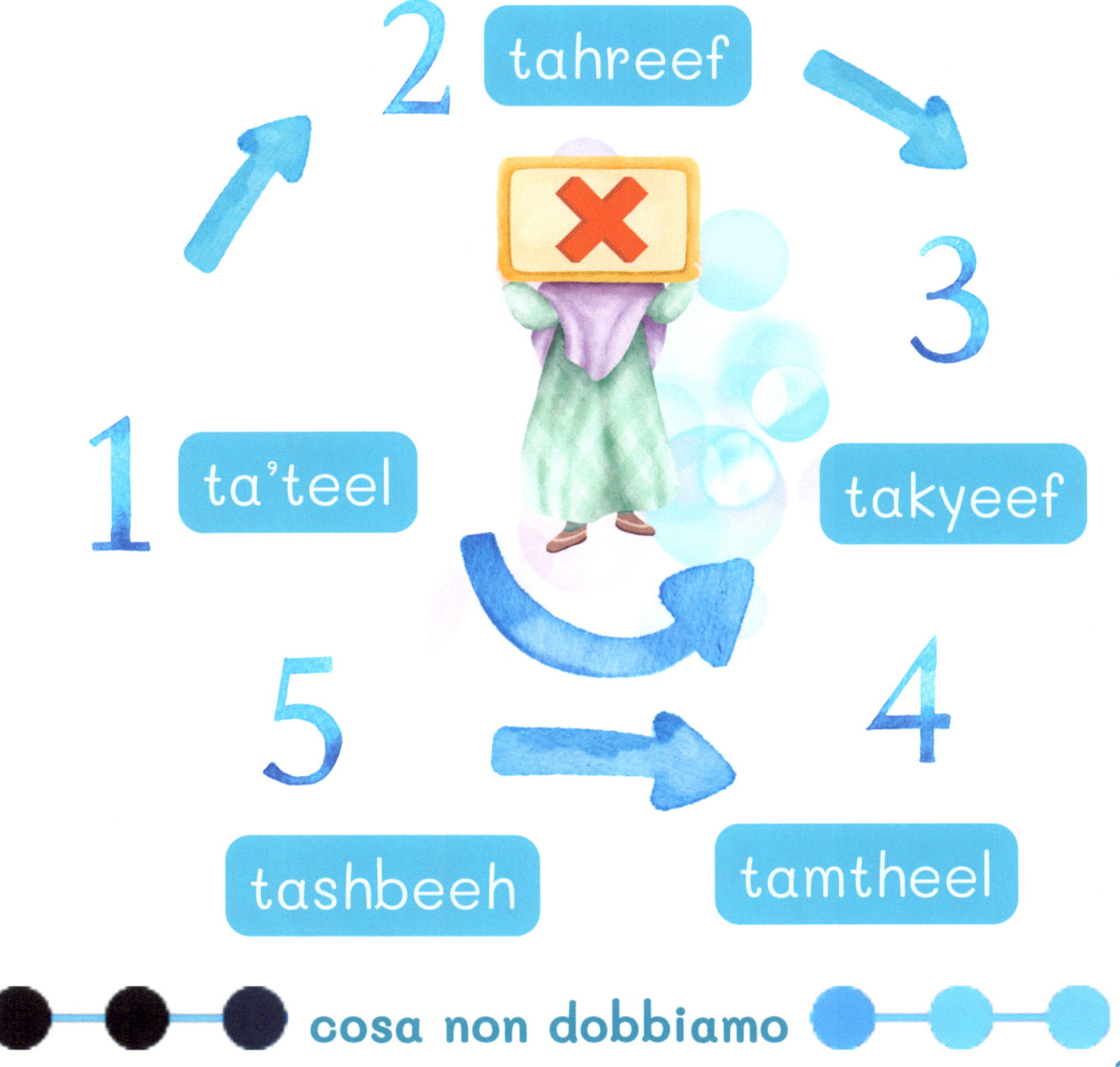

cosa non dobbiamo

 significa dire che alcuni dei Nomi e Attributi non sono veri.

 È giusto fare questo?   No!      Perché?

Crediamo che tutti i Nomi e Attributi di Allah siano veri e perfetti.

Come lo sappiamo?

Allah lo dice nel Corano:
"…A Lui appartengono i **Nomi più Bellissimi** e **Perfetti**…"

Surat Taha aya 8

Tutti i Nomi e **Attributi** sono **Perfetti**.

Non dire che non sono veri.

1

ta'teel

Anche...

 significa **cambiare** il significato dei Nomi e degli Attributi di Allah.

È giusto fare questo?   No!      Perché?

➡ **Allah ha delle mani. Questo non significa il Suo Potere.**

Non aggiungiamo nuovi significati!

Il Profeta (che la pace e la benedizione siano su di lui) non ci ha insegnato questo significato **del Corano** e **della Sunnah**.

takyeef significa chiedere come o descrivere i nomi e gli attributi di Allah.

È giusto fare questo? No!  Perché?

Allah ha un volto e delle mani. Non descriviamo né chiediamo come sono, né diciamo penso… immagino…

Descriviamo Allah solo come Lui stesso ha descritto nel Corano o come Lo ha descritto il Profeta (che la pace e la benedizione siano su di lui).

Non descrivere Allah a modo tuo.

Non chiederti nemmeno come.

L'immaginazione non sa come!

Non dire come!

3

Anche...

takyeef

tamtheel
tashbeeh
significa dire che qualcuno è come Allah, o che qualcuno è uguale ad Allah anche solo un po'.

È giusto fare questo?

No!

Perché?

Nessun angelo, profeta, messaggero, uomo o alcuna cosa creata è come Allah.

Allah sente e vede ogni cosa. Sentiamo e vediamo ma non è la stessa cosa!

Come lo sappiamo?

Allah dice nel Corano:

"Nessuno è uguale o simile a Lui; Egli è l'audience, Colui che tutto osserva."

(Surah ash-Shura, ayah 11)

Niente e/o nessuno è come Allah!

4

tamtheel

Nessuno è come o uguale a Lui!

tashbeeh

5

Review...

tamtheel — tashbeeh

Leggiamolo di nuovo!

1 Ogni singolo Nome di Allah ha un **Attributo** (at-tri-buto).

2 **Un Attributo** è **un'azione** dai Nomi di Allah.

3 Ogni **azione** ha **un effetto sulla Sua creazione**.

1. ta'teel
Non dire che i Suoi Nomi non sono veri o non sono perfetti.

2. tahreef
Non cambiare o aggiungere al significato dei Suoi Nomi.

3. takyeef
Non descrivere Allah a modo nostro o chiedere come.

4. 5. tamtheel / tashbeeh
Nessuno è come o uguale ad Allah, nemmeno un po'.

leggi di nuovo

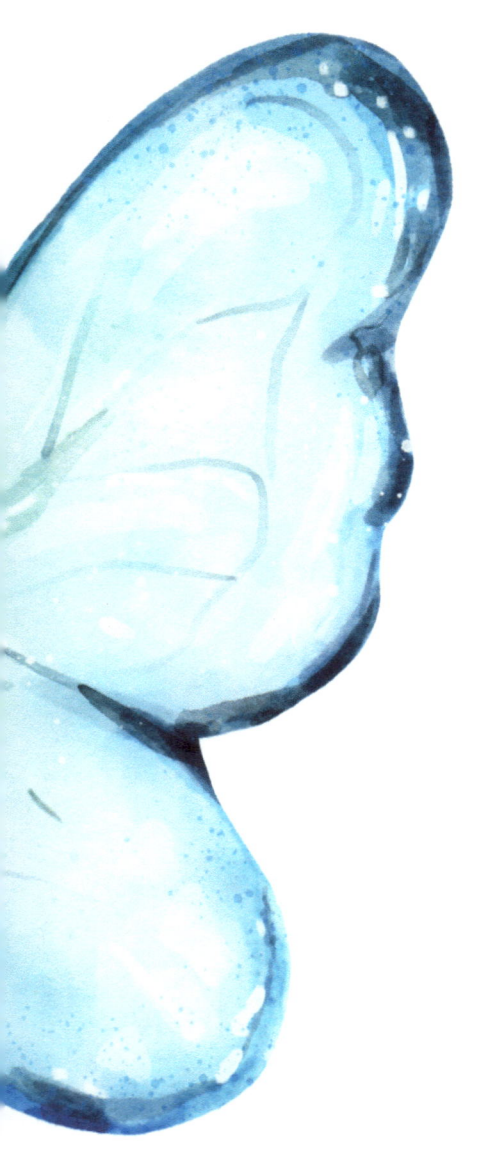

Sei pronto a imparare qualcosa di **Al-Asma wa s-Sifaat** (Nomi e Attributi) di Allah?

SÌ!

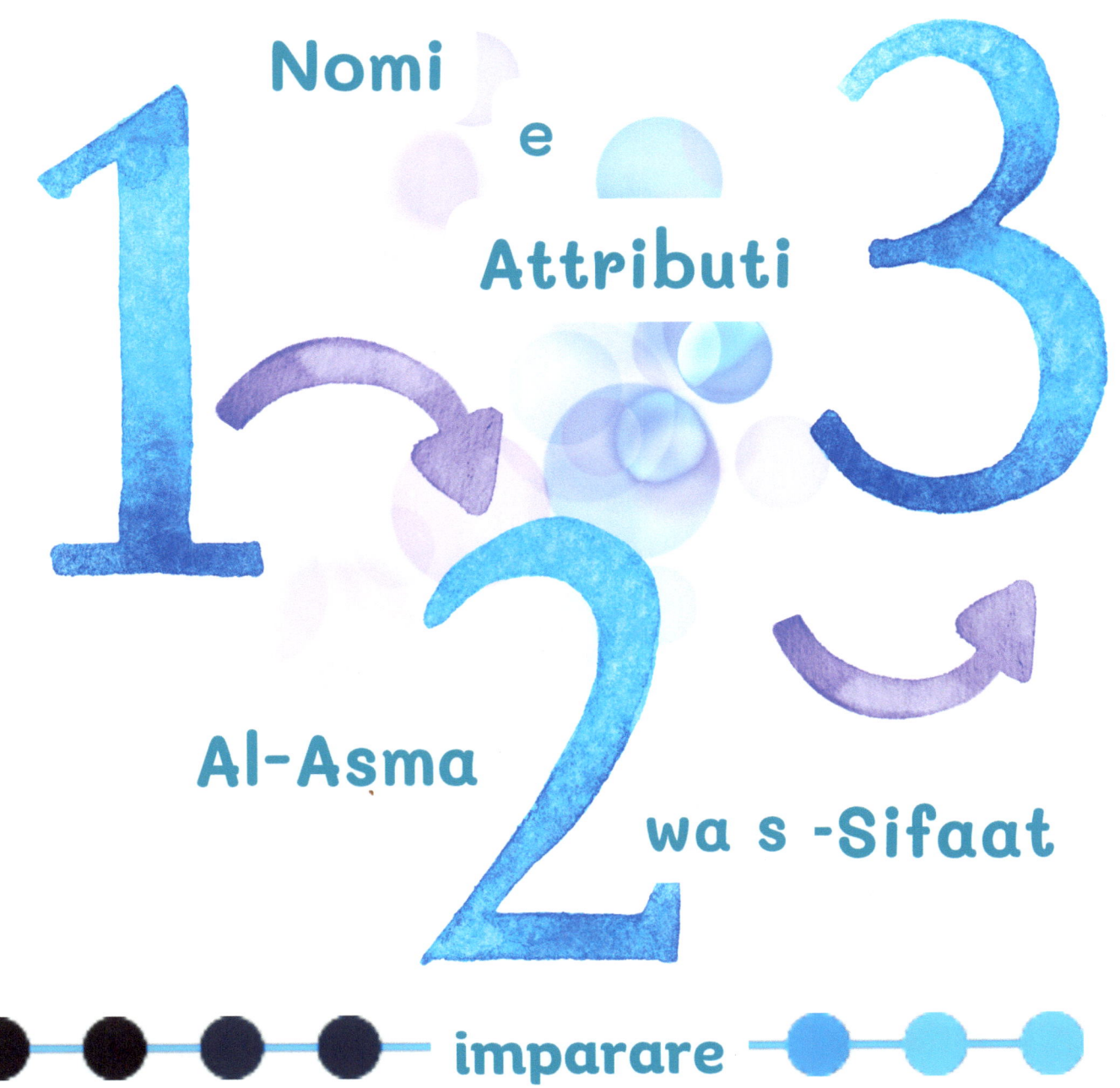

Cosa diciamo prima di iniziare qualsiasi cosa?

Diciamo Bismilla!

Questo ha il nome "Allah". Lo diciamo per ottenere benedizioni in tutto ciò che facciamo.

Quando mangiamo, beviamo, indossiamo i nostri vestiti, li togliamo, mettiamo le scarpe, entriamo in casa, usciamo da casa e altro ancora!

Guarda questi Nomi di Allah.

Puoi provare a dirli?

Sai in quale Surat si trovano?

Ecco un indizio...

Lo recitiamo nella nostra **preghiera**.

Lo recitiamo quando siamo malati e molte altre volte!

È la surat al-Fatihah!

Questa surat riguarda tutto il Tawheed!

Come?

1. Ci dice che Allah è il Dio di tutto.
2. Ci dice che Allah Solo noi adoriamo.
3. Ci dice i Nomi di Allah.

diamo un'occhiata al significato dei nomi

Recitiamo la surat al-Fatihah nella nostra preghiera ogni giorno.

Tawheed di

1. della Signoria
2. di adorazione
3. Nomi e attributi

al-Fatihah

Come si pronuncia questo nome?

Ar-Rabb

Cosa significa?

Ar-Rabb significa **Il Dio**.
Il Dio che crea, controlla, provvede,
comanda, aiuta e guida tutta la creazione.

Come si pronunciano queste parole?

Ar-Rahmân   **Ar-Rahîm**

Cosa significano?

**Ar-Rahmân
Il più misericordioso**

L'estremamente misericordioso

Allah è misericordioso con tutti, anche quelli che non credono in Lui.

Allah sarebbe più misericordioso con i credenti nel giorno del giudizio.

الرَّحْمٰنُ
Ar-Rahmân
Il più misericordioso
Egli è il più misericordioso con tutti noi.

الرَّحِيمُ
Ar-Rahim
L'estremamente misericordioso
Egli è più misericordioso con i credenti

Ar-Rahmân   Ar-Rahîm

Come si pronuncia questo nome?

Al-Mâlik

Al-Mâlik significa **Il Vero Re. Nessun** altro re possiede tutto!

Al-Mâleek

Al-Malik significa **El Tremendo Rey Que creó todo.**

الْمَلِك Al-Mâlik

Al-Mâlik Il Vero Re

الْمَلِيك Al-Mâleek

Il Tremendo Re

Al-Mâlik O Al-Maleek

Guarda questi Nomi di Allah.

Puoi provare a pronunciarli?

Sai in quale surat si trovano?

Ecco un indizio...

Lo recitiamo al mattino e al pomeriggio.

Lo recitiamo prima di andare a dormire

Sì, è surat al-Ikhlaas!

Questa surat riguarda anche il Tawhid!

Sapevi che questa surat equivale a un terzo del Corano?

Recitiamo surat al-Ikhlaas nella nostra preghiera sunnah prima del fajr e dopo il maghrib.

Surah al-Ikhlaas

Come si pronuncia questo nome?

Al-Ahad

Cosa significa?

Al-Ahad significa **L'Unico.**

Colui che è **Solo e Unico** in ogni modo!

Come si pronuncia questo nome?

As-Sâmad

Cosa significa?

As-Sâmad significa
Il Perfetto, Dio e Maestro

Tutto nella creazione dipende da Lui per tutto ciò di cui ha bisogno.

Guarda questi nomi di Allah.

Puoi provare a dirli?

Sai in quale aya si trovano?

Ecco un indizio...

Lo recitiamo dopo ogni preghiera.

Lo recitiamo prima di andare a dormire.

Sì! È Ayatul Kursi

Ha 6 bellissimi
nomi di Allah!

È nella surat al-Baqarah.

È la aya più significativa nel Corano

Recitiamo Ayatul Kursi per proteggersi.

Come si pronuncia questo nome?

Al-Ilaah

Cosa significa?

Al-Ilaah significa **L'Unico Vero Dio Che Solo dovrebbe essere adorato.**

Riesci a ricordare cos'è l'adorazione?

L'adorazione è tutto ciò che Allah ama e di cui è compiaciuto, incluso: credere in Allah, pregare, digiunare, fare l'Hajj, fare la carità e molto altro ancora!

Come si pronunciano questi nomi?

Al-Hayy **Al-Qayyûm**

Cosa significano?

Al-Hayy significa
L'Eterno Vivente

Al-Qayyûm significa
Il Sostenitore Indipendente

Ha una **Vita Completa**
e **Perfetta**. Non
dorme né muore.

L'intera **creazione
dipende da Lui**,
eppure non ha
bisogno di nulla.

الْحَيُّ
Al-Hayy
L'Eterno Vivente
Vita Perfetta Completa

الْقَيُّومُ
Al-Qayyûm
Il Sostenitore Indipendente
Potere completo per sostenere, custodire e proteggere ogni cosa.

Al-Hayy Al-Qayyûm

Come si pronunciano questi nomi?

Al-ʿAliyy   Al-ʿAdhîm

Cosa significano?

Al-ʿAliyy significa In Alto.

Al-ʿAdhîm significa Il Magnifico.

In Alto sopra le cose sbagliate che la gente dice, In Alto sopra il Suo Trono e In Alto sopra la creazione con la Sua Potenza!

È Magnifico e l'Unico che merita lode e adorazione per la Sua Grandezza!

Questi sono alcuni dei
Nomi e **Attributi di Allah**.

Il Profeta (che la pace e la benedizione siano su di lui) disse: "Allah ha novantanove nomi (cioè cento meno uno), **chiunque li conosca andrà in Paradiso.**"
(Sahih Bukhari (6410)

Tutti i **Nomi** e gli **Attributi di Allah** con i loro significati **Perfetti** e **Completi** **sono solo per Allah**.

Questo è **Tawhid al-Asma wa s-Sifaat**

Tawhid al-Asma wa s-Sifaat

Todos los Nombres y Atributos de Alá son Perfectos y Completos.

Tawhid al-Asma wa s-Sifaat

¿Hay **recompensa** si invocamos a Alá por Sus **Nombres** y **Atributos**?

Sì! Fare du'aa e chiedere ad Allah con i Suoi nomi e attributi bellissimi è adorazione.

Come lo sappiamo?

Allah ce lo dice nel Corano:

Allah ha detto nel Corano: "a Lui appartengono i **nomi più belli e perfetti, quindi invocaLo con essi...**"

(Surat Al-'Araf 180)

"E quando i Miei servi ti chiedono di ME – in verità Io sono vicino, **rispondo alla du'aa della persona quando mi chiama...**"*

Surat al-Baqarah aya 187

invocare Allah

(PAF) Parole di

- il
- di
- e
- a
- che

- la
- in
- un
- per
- è

Alta Frequenza

- con
- non
- una
- su
- si

- al
- come
- ma
- lo
- più

- o
- nel
- le
- degli
- ha

SERIE PER BAMBINI SUL TAWHID

English

French

German

Spanish

Italian

Urdu

LETTURA AUTENTICA PER BAMBINI!

www.ingramcontent.com/pod-product-compliance
Lightning Source LLC
Chambersburg PA
CBHW060819090426
42738CB00002B/46